DU COMMERCE

DE

L'AME ET DU CORPS;

TRADUIT DU LATIN

D'EMMANUEL SWEDENBORG,

Par M. P***.

Imprimé à Londres en 1785.

PARIS,

IMPRIMERIE ADMINISTRATIVE DE PAUL DUPONT,

Rue de Grenellé-Saint-Honoré, 55.

1848

AVERTISSEMENT.

Une question obscure, épineuse, pleine de difficultés, et qui a exercé de tous les temps la sagacité des philosophes qui ont voulu pénétrer les mystères de la nature, c'est sans doute celle de l'union de l'âme et du corps, et du commerce ou correspondance entre ces deux substances. Trois hypothèses partagent les savants sur cette importante question. Les uns prétendent qu'il y a une influence physique du corps dans l'âme ; ils veulent que le corps, frappé par les agents extérieurs, porte le sentiment de cette commotion à l'âme. C'est le système des matérialistes, qui ne voient partout que la matière, et rien audelà. D'autres soutiennent qu'il y a opération instantanée et unanime entre les deux substances, opération qu'ils nomment harmonie préétablie. Enfin un troisième système est celui de l'influence spirituelle, qui nonseulement paraît le plus vraisemblable, mais encore est le seul vrai, comme le démontre l'auteur de ce petit Traité dont nous offrons au public la traduction.

Ce système n'est donc pas nouveau; mais ce qui l'est, c'est la manière dont l'auteur le démontre, ses preuves, et les sublimes vérités qu'il annonce. On avait dit avant lui qu'il y avait une influence de l'âme sur le corps ; mais on n'avait pas dit qu'il y eût une influence sur l'âme, et que sans cette influence il n'y aurait point de vie, point d'action, point de communication par conséquent entre les deux substances. Mais nous ne chercherons point ici à prévenir les lecteurs sur le mérite de cet ouvrage, traduit depuis plusieurs années en allemand et en anglais par de savants hommes qui n'ont pas dédaigné d'y ajouter des éclaircissements et des notes. Nous osons seulement nous flatter que les lecteurs sans préjugés et de bonne foi nous sauront quelque gré de leur avoir fait connaître un ouvrage devenu très-rare, ainsi que tous les autres du même auteur. Ce serait ici le lieu de parler de la personne et des écrits de cet homme extraordinaire : on y verrait un homme embrasé dès son enfance de l'amour de la vérité, consacrer tous les moments d'une très-longue vie à l'étude de cette vérité, parcourir les différentes contrées de l'Europe pour y chercher des connaissances qu'il jugeait nécessaires à son plan, publier le fruit de ses travaux et de ses découvertes sans emphase, sans prétention et dans l'unique vue du bien général : bon citoyen, bon ami, en un mot, un vrai philosophe, un véritable sage, non de ces sages en spéculation tels qu'on en voit tous les jours, mais qui joignait à la théorie la pratique de toutes les vertus : on y verrait un savant non moins distingué par la profondeur de son génie, que par la vaste étendue de ses connaissances dans les mathématiques, la physique, l'histoire naturelle, l'anatomie, la métaphysique, la théologie. Mais on peut consulter les *Merveilles du Ciel et de l'Enfer*, ouvrage du même auteur, traduit du latin, imprimé à Berlin, 1782, et où le traducteur a rassemblé à la tête du premier volume tout ce qu'il a pu trouver sur la vie et les écrits de Swedenborg. Nous nous contenterons de donner ici une notice de tous ses ouvrages imprimés, trop peu connus jusqu'aujourd'hui, mais bien dignes de l'être.

CATALOGUE

DES OUVRAGES IMPRIMÉS

D'EMMANUEL SWEDENBORG,

Selon l'ordre chronologique

Ceux marqués d'un * ont été traduits en français jusqu'en 1785 ; mais on trouvera une nouvelle traduction à l'article de la Librairie de la Troisième et dernière alliance de Dieu avec sa créature.

---

1. *Annæi Sennecæ et pub. Syri mimi forsan, et aliorum selectæ sententiæ, cum annotationibus Erasmi, et græcâ versione Scaligeri, notis illustratæ*, Upsalæ, 1709.

C'est une dissertation académique qui annonçait de l'érudition dans un jeune homme de vingt ans, et le premier ouvrage sorti de la plume de notre savant auteur.

2. *Ludus Heliconius, sive carmina miscellanea quæ variis in locis cecinit Emm. Swedenborg*, Skaræ, 1710.

Collection de vers latins ; ils annonçaient une vivacité d'esprit rare : peu d'auteurs à cet âge ont donné de pareilles preuves de génie et de talent pour la poésie.

3. *Dædalus Hyperboreus*, Stokolmiæ, 1716, 1717 et 1718, *in-4°*, six parties, en suédois.

Des essais et remarques sur les mathématiques et la physique.

4. *Introduction à l'algèbre, sous le titre de l'*Art des règles, 1717, en suédois.

5. *Essai pour fixer la valeur de nos monnaies et déterminer nos mesures, de manière à supprimer les fractions pour faciliter les calculs*, 1719.

6. *De la position et du mouvement de la terre et des planètes*, 1719.

7. *De la Hauteur des Marées, du flux et du reflux de la mer plus grand jadis, avec les preuves tirées de la Suède*, 1719.

Je crois ces trois derniers ouvrages écrits en suédois.

8. *Essai sur les principes des choses naturelles, ou sur la manière d'expliquer géométriquement la chimie et la physique expérimentale.*

9. *Nouvelles observations et découvertes sur le fer et le feu, et particulièrement sur la nature du feu élémentaire, avec une nouvelle forme de cheminée.*

10. *Nouvelle méthode pour trouver les longitudes soit en mer, soit sur terre, par le moyen de la lune.*

11. *Manière de construire les bassins propres à recevoir des navires.*

12. *Nouvelle construction des écluses.*

13. *Manière d'éprouver les qualités des navires.*

Ces six derniers ouvrages sont écrits en latin, et ont été imprimés à Amsterdam en 1721, et réimprimés en 1727.

14. *Recueil d'observations sur les choses naturelles, particulièrement sur les minéraux, le feu et les couches des montagnes.* Trois parties imprimées à Leipsik, et la quatrième à Hambourg, 1722.

15. *Œuvres philosophiques et minéralogiques*, Leipsik et Dresde, 1734, 3 vol. in-folio.

Le premier volume est intitulé : *Principes des*

choses naturelles, ou nouveaux essais sur les phénomènes du monde élémentaire, expliqués philosophiquement. Le second : *Le Monde souterrain, ou du fer ; des diverses méthodes employées en différents pays de l'Europe pour la liquation du fer, et de la conversion du fer en acier ; de la mine de fer et de ses épreuves ; des préparations chimiques et des expériences faites avec le fer et son vitriol*. Le troisième : *Le Monde souterrain, ou du cuivre, de l'airain et des diverses méthodes usitées en Europe pour la liquation du cuivre ; de la manière de le séparer de l'argent et de le convertir en airain et autres métaux ; de la pierre calaminaire ; du zinc ; de la mine de cuivre et de ses épreuves ; des préparations chimiques et des expériences faites avec le cuivre*. Chaque volume est subdivisé en trois sections.

Nous n'avons pas d'ouvrage plus curieux et plus savant que celui ci dans la métallurgie. Non-seulement il est fait avec soin, mais il est encore orné de cent cinquante-cinq gravures pour faciliter l'intelligence des principes de l'auteur et des travaux des mines. Dans le premier volume, il considère le grand édifice de l'univers, dont il explique les phénomènes avec une sagacité peu commune. On peut regarder cette partie comme un traité de physique générale, morceau précieux qui mériterait bien d'être traduit en notre langue, comme l'a été la seconde partie qui concerne le fer, que l'on a insérée dans la Description des Arts et Métiers.

16. *Essai de Philosophie spéculative sur l'Infini, la Cause finale de la Création et le Mécanisme de l'opération de l'Ame et du Corps*. Dresde, 1734, in-8°.

17. *Économie du Règne animal*, en deux parties :

la première traite *du sang, des artères, des veines et du cœur, avec une introduction à la psychologie rationnelle*. La seconde : *Du Mouvement du cerveau, de la substance corticale et de l'Ame humaine*. Amsterdam, 1740 et 1741, in-4°.

18. *Le Règne animal*, en trois parties : la première traite *des Viscères de l'Abdomen, ou des Organes de la région inférieure*. La seconde : *Des Viscères de la Poitrine ou des Organes de la région supérieure*. La troisième : *De la Peau, du Tact et du Goût, et des Formes organiques en général*. La Haye et Londres, 1744 et 1745, in-4°.

On a traduit en notre langue tant d'ouvrages superficiels ; pourquoi ceux-ci n'ont-ils pas encore trouvé de traducteurs ?

19. *Du Culte et de l'Amour de Dieu :* partie première, *où il est traité de l'Origine de la Terre, du Paradis, de la Naissance, de l'Enfance et de l'Amour du premier homme ou Adam*. Londres, 1744, in-4°. Seconde partie, *où il est traité du Mariage du premier homme ou Adam, de l'Ame, de l'Esprit intellectuel, de l'État d'intégrité, et de l'Image de Dieu*. Londres, 1745, in-4°.

20. *Arcanes célestes, contenus dans l'Ecriture Sainte ou dans la parole du Seigneur : donnant l'Explication de la Genèse et de l'Exode, avec les Merveilles vues dans le Monde des Esprits et dans le Ciel angélique*. Londres, 1747 à 1758, 8 vol. in-4°.

21. * *Du Ciel et de l'Enfer*. Londres, 1758, in-4°.

22. * *De la Nouvelle Jérusalem et de sa Doctrine céleste*. Londres, 1758, in-4°.

32. *Du Dernier Jugement et de la Destruction de Babylone*. Londres, 1758, in-4°.

24. * *Du Cheval blanc dont il est parlé dans l'Apocalypse.* Londres, 1758, in-4°.
25. * *Des Terres planétaires et astrales et de leurs habitants.* Londres, 1758, in-4°.
26. *Doctrine de la Nouvelle Jérusalem concernant le Seigneur.* Amsterdam, 1763, in-4°.
27. *Doctrine de la Nouvelle Jérusalem concernant l'Écriture Sainte.* Amsterdam, 1763, in-4°.
28. *Doctrine de Vie pour la Nouvelle Jérusalem.* Amsterdam, 1763, in-4°.
29. *Continuation du Dernier jugement et du Monde spirituel.* Amsterdam, 1763, in-4°.
30. *Sagesse angélique sur l'Amour divin et la Sagesse divine.* Amsterdam, 1763, in-4°.
31. *Sagesse angélique sur la Providence divine.* Amsterdam, 1764, in-4°.
32. *L'Apocalypse révélée*, Amsterdam, 1764, in-4°.
33. * *Délices de la Sagesse sur l'Amour conjugal, et voluptés de la Folie sur l'Amour de la débauche.* Amsterdam, 1768, in-4°.

Cet ouvrage vient d'être traduit en français et imprimé à Berlin. Il serait à désirer qu'il fût entre les mains de tous les époux.

34. *Exposition sommaire de la Doctrine de la nouvelle Église désignée dans l'Apocalypse par la Nouvelle Jérusalem.* Amsterdam, 1769, in-4°.
35. * *Du Commerce de l'Ame et du Corps.* Londres, 1769, in-4°.

Cet ouvrage, ainsi que celui du Ciel et de l'Enfer, a été traduit en anglais avec des notes, par le savant docteur Thomas Hartley.

36. *La Vraie Religion chrétienne contenant toute la Théologie de la Nouvelle Église, prédite par le Seigneur dans Daniel et dans l'Apocalypse.* Amsterdam, 1771, in-4°.

C'est ici le dernier ouvrage de l'auteur, et c'est

par là qu'il a terminé sa laborieuse carrière dans ce monde ; car peu après avoir publié cet ouvrage, dont il soigna lui-même l'édition, il mourut à Londres, de la mort la plus douce, le 29 mars 1772, à l'âge de 85 ans. Le beau tableau que celui d'une vie si bien employée ! Cet écrivain méritait assurément une place dans le *Dictionnaire des grands hommes*.

On compte encore parmi ses ouvrages imprimés :

1. *Supplément à la Vraie Religion chrétienne, où il est traité des quatre Églises qui ont existé sur notre Terre depuis la Création du monde ; de leurs périodes et communication*. Londres, ouvrage posthume.
2. *Réponse à la Lettre d'un Ami*. Londres, 1769, in-4°. Elle ne contient que deux pages et demie.
3. *Sagesse angélique sur la Vie*.
4. *Sagesse angélique sur la Toute-Puissance, l'Omniprésence et l'Omniscience de Dieu, sur l'Éternité et l'Immensité*.
5. *Des Miracles divins et magiques*.

Nous ne connaissons ni la date ni le lieu de l'impression de ces trois derniers.

L'auteur a laissé un nombre considérable de manuscrits, dont on annonce une édition à Londres en 20 vol. in-4° de 3 à 400 pages, et dont il a déjà paru un ouvrage, sous le titre de *Clé hiéroglyphique*.

DU COMMERCE
DE
L'AME ET DU CORPS.

---

1. Il y a trois opinions ou hypothèses sur le commerce de l'âme et du corps, ou sur l'opération de l'une sur l'autre, et de l'un avec l'autre : la première est appelée *influence physique*, la seconde *influence spirituelle*, et la troisième *harmonie préétablie*. La première, ou *influence physique*, est fondée sur les apparences et les illusions des sens, parce qu'il paraît que les objets extérieurs, qui affectent les yeux, influent dans la pensée, et la produisent ; de même qu'il semble que les paroles, qui agitent les oreilles, influent dans l'esprit, et y produisent les idées ; et ainsi des autres sens.

Comme les organes des sens reçoivent d'abord les contacts qui nous viennent des objets matériels, et que l'esprit semble penser et même vouloir selon les affections de ces organes, les anciens philosophes et scolastiques crurent que l'influence découlait de ces objets dans l'âme, et ils formèrent ainsi l'hypothèse de l'influence physique ou naturelle. La seconde, qui est appelée *influence spirituelle*, et par quelques-uns *occasionnelle*, est selon l'ordre et ses lois; parce que l'âme est une substance spirituelle, plus pure, antérieure, et interne par rapport au corps, qui est matériel, et par conséquent plus grossier, postérieur et externe; et il est dans l'ordre que le plus pur influe dans le plus grossier, l'antérieur dans le postérieur, et l'interne dans l'externe, et ainsi le spirituel dans le matériel, et non le contraire; et par conséquent que la faculté pensante influe dans la vue, selon les modifications que les yeux éprouvent des objets extérieurs, modifications que cette faculté dispose aussi à son gré; et la faculté perceptive dans l'ouïe, selon que les oreilles sont modifiées par les paroles qui leur sont transmises. La troisième, qui est appelée *harmonie préétablie*, est fondée sur les illusions et les lueurs trompeuses de la raison, parce que l'esprit dans l'opération agit en même temps avec le corps; mais cependant toute opération est d'abord successive et ensuite simultanée : l'opération successive est l'influence, et l'opération simultanée est l'harmonie; comme, par exemple, lorsque l'esprit pense et ensuite parle, qu'il veut et ensuite agit; ainsi c'est une erreur de la raison d'admettre le simultané et d'exclure le successif. Après ces trois hypothèses sur le commerce de l'âme et du corps, on ne peut en admettre une quatrième, parce qu'il faut ou que l'âme agisse sur le corps, ou le corps sur l'âme, ou l'un et l'autre toujours ensemble.

2. Comme l'influence spirituelle est selon l'ordre et ses lois, ainsi que nous l'avons dit, c'est l'hypothèse qui a été reconnue et adoptée de préférence aux deux autres, par tous les sages du monde savant. Tout ce qui est conforme à l'ordre est vérité, et la vérité se manifeste par la lumière qui est en elle, même dans l'ombre de la raison, siége des hypothèses; mais ce qui enveloppe dans l'ombre cette hypothèse, c'est l'ignorance de la nature de l'âme, du spirituel et de l'influence; il faut donc avant tout connaître ces trois choses, afin que la raison puisse voir la vérité; car la vérité hypothétique n'est point une vérité même, c'est seulement une conjecture de la vérité. On peut la comparer à un tableau, pendu à un mur, vu la nuit à la lueur des étoiles; l'esprit lui prête différents objets selon ses fantaisies; ce qui n'arrive point lorsque la lumière du soleil vient à l'éclairer, et qu'elle en découvre, non seulement

l'ensemble, mais encore tous les détails. Il en est de même de cette hypothèse qui est dans l'ombre de la vérité, mais qui devient une vérité évidente lorsqu'on connaît ce que c'est et quel est le spirituel respectivement au naturel, et ce que c'est et quelle est l'âme humaine, enfin quelle est cette influence qui découle dans l'âme, et par l'âme dans la faculté perceptive et pensante, et de là dans le corps. Mais ceci ne peut être enseigné que par celui à qui Dieu a accordé d'être en société avec les anges dans le monde spirituel, et en même temps avec les hommes dans le monde naturel, et comme j'ai eu ce bonheur, j'ai pu expliquer tout cela, ce que j'ai fait dans l'ouvrage de l'*Amour conjugal;* pour le spirituel, dans le n° 326 à 329; pour l'*âme humaine*, n° 315, et pour l'*influence*, n° 380, et plus en détail, n°s 415 à 422. Qui ne sait point ou ne peut savoir que le bien de l'amour et la vérité de la foi influent de Dieu dans l'homme, qu'ils influent dans son âme, se font sentir dans son esprit et découlent de sa pensée dans ses paroles, et de sa volonté dans ses actions? Que de là vienne l'influence spirituelle, son origine et émanation, c'est ce que nous allons expliquer dans cet ordre : 1° Il y a deux mondes, le monde spirituel où sont les anges et les esprits, et le naturel où sont les hommes. 2° Le monde spirituel existe et subsiste par son soleil, et le naturel par le sien. 3° Le soleil du monde spirituel est pur amour, procédant de *Jéhovah* Dieu qui y est au milieu. 4° De ce soleil procèdent une chaleur et une lumière; cette chaleur dans son essence est amour, et cette lumière dans son essence, sagesse. 5° Cette chaleur aussi bien que cette lumière influent dans l'homme, la chaleur dans sa volonté, et y produit le bien de l'amour, et la lumière dans son entendement, et y produit le vrai de la sagesse. 6° Ces deux choses, chaleur et lumière, ou amour et sagesse, influent ensemble de Dieu dans l'âme de l'homme, de l'âme dans l'esprit, ses affections et ses pensées, et de là dans les sens du corps, les paroles et les actions. 7° Le soleil du monde naturel est pur feu, et par lui le monde de la nature existe et subsiste. 8° Par conséquent tout ce qui procède de ce soleil de soi-même est mort. 9° Le spirituel se revêt du naturel, comme l'homme d'un habit. 10° Le spirituel, ainsi revêtu dans l'homme, fait qu'il peut vivre ici-bas raisonnablement et moralement, et ainsi spirituellement. 11° La réception de cette influence est conforme à l'état de l'amour et de la sagesse qui sont dans l'homme. 12° L'entendement dans l'homme peut être élevé dans la lumière, c'est-à-dire dans la sagesse où sont les anges du ciel, selon la culture de la raison, et sa volonté peut être élevée dans la chaleur, c'est-à-dire dans l'amour où sont aussi les anges, selon les actions de sa vie; mais l'amour de la volonté ne peut être élevé qu'autant que l'homme veut et fait ce que la sagesse de l'entendement lui enseigne. 13° Il en est tout autrement chez les bêtes. 14° Il y a trois degrés dans le monde spirituel, et trois degrés dans le monde naturel, selon lesquels se fait toute influence. 15° Les fins sont dans le premier degré, les causes dans le second, et les effets dans le troisième. 16° De là on voit quelle est l'influence spirituelle depuis son origine jusqu'à ses effets. Expliquons maintenant en peu de mots tous ces articles.

I.

Il y a deux mondes, le monde spirituel où sont les anges et les esprits, et le monde naturel où sont les hommes.

3. Jusqu'à présent on a entièrement ignoré, même dans le monde

chrétien, qu'il y a un monde spirituel où sont les anges et les esprits, distinct du monde naturel où sont les hommes; parce qu'aucun ange n'en est descendu pour en instruire les hommes et qu'aucun homme n'y est monté de son vivant. Or, de peur que par l'ignorance de ce monde, et le doute sur l'existence du ciel et de l'enfer, l'homme ne soit infatué au point de devenir naturaliste athée, il a plu au Seigneur d'ouvrir les yeux de mon esprit, de les élever dans le ciel, de les abaisser même sur l'enfer, et de me faire voir ce que c'est que le ciel et l'enfer. Par ce moyen j'ai vu clairement qu'il y a deux mondes distincts l'un de l'autre, l'un où tout est spirituel, et de là est nommé monde spirituel; et l'autre dans lequel tout est naturel, d'où il prend le nom de monde naturel; et que les esprits et les anges vivent dans leur monde, comme les hommes dans le leur; enfin que tout homme après sa mort passe du naturel dans le spirituel, pour y vivre éternellement. Il faut avant tout faire connaître ces deux mondes, afin de dévoiler dès son origine l'influence qui fait l'objet de cet ouvrage. Car le monde spirituel influe dans le monde naturel, et l'anime dans chacune de ses parties, tant dans les hommes que dans les bêtes, et produit même la végétation dans les arbres et les plantes.

II.

Le monde spirituel existe et subsiste par son soleil, et le monde naturel par le sien.

4. Le soleil du monde spirituel est différent de celui du monde naturel, parce que ces mondes sont absolument distincts l'un de l'autre. Or le monde tire son origine du soleil; ainsi le monde où tout est spirituel ne peut pas naître du soleil duquel sont produites toutes les choses naturelles; car si cela était, il y aurait une influence physique, et nous avons re-

connu que cette influence était contre l'ordre. Que le monde doive son existence au soleil, et non le soleil au monde, c'est ce que l'on peut constater par le fait même. Or il est constant que le monde dans son tout et dans ses parties subsiste par le soleil: la subsistance démontre l'existence, et c'est aussi pourquoi l'on dit que la subsistance est une perpétuelle existence; par là il est évident que, si le soleil venait à manquer, le monde retomberait dans son chaos et dans le néant. Qu'il y ait dans le monde spirituel un soleil autre que celui du monde naturel, c'est ce que je puis certifier, parce que je l'ai vu. Il paraît semblable à un globe de feu, comme notre soleil, à peu près de la même grandeur; il est éloigné des anges, comme le nôtre l'est des hommes; il ne se lève point, il ne se couche pas comme le nôtre; mais il demeure immobile, dans une élévation moyenne entre le zénith et l'horizon, et par là les anges jouissent d'une perpétuelle lumière et d'un printemps éternel. L'homme qui n'a que sa raison pour guide et qui ne sait rien du soleil du monde spirituel, se trompe facilement dans ses idées sur la création de l'univers ; lorsqu'il médite profondément sur cette création, il ne conclut autre chose, sinon qu'elle vient de la nature; et parce que le soleil est l'origine de la nature, qu'elle vient du soleil comme son auteur. De plus, l'on ne comprendra jamais l'influence spirituelle, si l'on ne connaît aussi son origine. Or toute influence vient du soleil, l'influence spirituelle du sien, et l'influence naturelle du sien aussi. La vue interne de l'homme, qui appartient à son esprit, reçoit l'influence du soleil spirituel ; mais la vue externe, qui est la vue du corps, reçoit l'influence du soleil naturel, et dans l'opération ces deux vues s'unissent, comme l'âme s'unit avec le corps. Par là on peut voir dans quel aveuglement, obscurité et sottise peuvent tomber ceux qui ne savent rien du monde spirituel et de son soleil; dans l'*aveuglement*, parce que l'esprit, qui n'a que la vue de l'œil pour guide dans les raisonnements, devient semblable à une chauve-souris qui erre çà et là pendant la nuit, et se jette sur des haillons que l'on tend en l'air; dans l'*obscurité*, parce que la vue de l'esprit alors est privée de toute lumière spirituelle, et devient semblable au hibou; dans la *sottise*, parce que néanmoins l'homme pense, mais il pense sur les choses spirituelles d'après les choses naturelles; ce qui l'induit en erreur; ainsi toutes ses pensées ne sont que folie, sottise et ignorance.

III.

Le soleil du monde spirituel est pur amour, procédant de *Jehovah* dieu, qui est au milieu.

5. Les choses spirituelles ne peuvent procéder d'ailleurs que de l'a-

mour, et l'amour d'ailleurs que de *Jéhovah* Dieu, qui est l'amour même. C'est pourquoi le soleil du monde spirituel, d'où découlent comme de leur source toutes les choses spirituelles, est le pur amour, procédant de *Jéhovah* Dieu, qui y est au milieu. Ce soleil n'est point Dieu; mais il vient de Dieu; c'est la première sphère qui sort de lui et qui l'environne. C'est par ce soleil, procédant de *Jéhovah* Dieu, qu'a été créé l'univers, par lequel on entend en général tous les mondes, qui sont en aussi grand nombre qu'il y a d'étoiles dans l'étendue de notre ciel. Que la création soit l'ouvrage de ce soleil qui est pur amour, et ainsi de *Jéhovah* Dieu, c'est que l'amour est l'être même de la vie, et la sagesse, l'existence de la vie, et que de l'amour par la sagesse tout a été créé; c'est ce qui est exprimé par ces paroles de saint Jean: *Le Verbe était en Dieu, et le Verbe était Dieu; toutes choses ont été faites par lui; et rien de ce qui a été fait n'a été fait sans lui, et par lui le monde a été fait.* I : 3-10. Le Verbe, dans ce passage, est la divine vérité ; c'est aussi la divine sagesse. Voilà pourquoi le Verbe est aussi appelé lumière qui éclaire tout homme. *Vers.* 9. C'est ce que fait de même la divine sagesse par la divine vérité. Ceux qui font venir l'origine des mondes d'ailleurs que du divin amour par la divine sagesse, sont dans la même erreur que ces fous qui voient des spectres comme des hommes, et des fantômes comme des lumières, enfin des êtres de raison comme des êtres réels. Car l'univers créé est l'ouvrage de l'amour par la sagesse, un tout dont les parties sont dans la plus parfaite harmonie ; ce que vous apercevrez facilement, si vous pouvez examiner par ordre les divers points de la chaîne qui unit tout ce vaste univers. De même que Dieu est un, de même le soleil spirituel est un ; car l'extension de l'espace ne peut pas s'appliquer aux choses spirituelles, qui sont des émanations de ce soleil, et dans les étendues sans espace l'essence et l'existence sont partout sans espace ; et ainsi le divin amour se répand depuis le premier terme de l'univers jusqu'à ses extrémités les plus éloignées. La raison entrevoit de loin que l'influence divine remplit toutes choses, et par là conserve toutes choses dans leur état d'êtres créés ; mais elle l'aperçoit clairement, lorsqu'elle connaît la nature de l'amour et son union avec la sagesse pour produire les fins, son influence dans la sagesse pour faire naître les causes et son opération par la sagesse, pour qu'il en résulte les effets.

IV.

De ce soleil procèdent une chaleur et une lumière ; cette chaleur dans son essence est amour, et cette lumière dans son essence est sagesse.

6. On sait que, dans la parole di-

vine et de là dans le langage commun des prédicateurs, l'amour divin est exprimé par le feu; comme lorsqu'ils disent que le feu céleste remplit les cœurs et excite de saints désirs d'aimer Dieu; c'est que le feu correspond à l'amour, et par conséquent le signifie (*a*). C'est pourquoi *Jéhovah*

(*a*) Swedenborg établit dans ses ouvrages que toutes les choses matérielles représentent autant de choses spirituelles, et leur correspondent. On en voit ici un exemple, et plus bas n° 20. Il assure que cette science des correspondances était connue des anciens; mais qu'elle s'est perdue par la succession des temps. Voici à ce sujet un passage du *Culte et de l'Amour de Dieu*, ouvrage du même auteur, que nous nous proposons de donner au public. « Les fables des anciens sur « Pallas, les Muses, la fontaine du Parnasse, le « cheval ailé ou Pésage, etc., sont de pures re« présentations significatives des choses, repré« sentations semblables à celles des intelligences « célestes, dont nous avons dit ci-dessus que le « langage est exécuté par le moyen des repré« sentations vives, par lesquelles elles expriment « en même temps plusieurs séries de choses; par « exemple l'Entendement humain est représenté « par des chevaux diversement ornés selon ses « diverses qualités; les Sciences et les Intelli« gences, par des nymphes, et la Suprême, par « une déesse ou Pallas; les Expériences, par des

Dieu apparut à Moïse comme un feu dans un buisson, et sur la montagne de Sinaï devant les enfants d'Israël, et qu'il fut ordonné de garder continuellement du feu sur l'autel, et d'allumer le soir les lampes du chandelier dans le tabernacle; tout cela parce que le feu signifiait l'amour. Que de ce feu provienne une chaleur, c'est ce que l'on voit manifestement par les effets de l'amour; car l'homme s'enflamme, s'embrase selon que son amour s'exalte en zèle ou en empor-

---

« hommes auxquels ces nymphes furent mariées, « et leur chef, par Apollon; la Clarté de l'entendement, par des eaux, surtout de source; son « obscurité et les diverses difficultés et troubles « qui en proviennent, par des eaux troubles; les « Pensées, par des oiseaux de divers genres, couleur et beauté. De là les métamorphoses fréquentes des muses en oiseaux, que la fable « raconte. Je me borne à ces exemples, d'où on « peut voir que les fables des anciens étaient de « pures représentations prises du Ciel; et que par « conséquent leur esprit était plus près du Ciel « que le nôtre, qui ignore même que ces représentations existent, et encore plus ce qu'elles « signifient. »

tement de colère. La chaleur du sang, ou la chaleur vitale de l'homme, et en général des animaux, ne procède d'ailleurs que de l'amour, qui fait leur vie. Le feu infernal n'est autre chose que l'amour opposé à l'amour céleste. De là vient que l'amour divin apparaît aux anges comme un soleil dans leur monde, semblable à un globe de feu, comme notre soleil, ainsi qu'il a été dit ci-dessus, et que les anges sont dans cette chaleur selon la réception de l'amour, procédant de *Jéhovah* Dieu par ce soleil. Il suit de là que la lumière dans son essence est sagesse; car l'amour et la sagesse sont individuels, comme l'être et l'existence : en effet, l'amour existe par la sagesse et selon la sagesse. Il en est de même dans notre monde, où, dès le printemps, la chaleur s'unit avec la lumière, et fait germer et fructifier les végétaux. De plus, chacun sait que la chaleur spirituelle est amour, et la lumière spirituellé sagesse. Car l'homme est chaud à proportion qu'il aime, et son entendement est plus ou moins éclairé, selon qu'il est plus ou moins sage. J'ai vu très souvent cette lumière spirituelle, elle surpasse infiniment la lumière naturelle en blancheur et en éclat; elle est la blancheur et la splendeur même; elle paraît aussi brillante, aussi éclatante que la neige. Tels parurent les vêtements du Seigneur, lorsqu'il fut transfiguré. S. Marc, IX, 3; S. Luc, IX, 28. La lumière étant la sagesse, le Seigneur se nomme lui-même la lumière qui éclaire tout homme. S. Jean, I, 9. Et ailleurs il dit qu'il est la lumière même, S. Jean, III, 3; VIII, 12; XII, 35, 39, 47; c'est-à-dire la divine vérité, qui est la sainte parole, et par conséquent la sagesse même. On croit que la lumière naturelle, qui est la lumière de la raison, vient de la lumière de notre monde, mais cela n'est pas; car elle procède du monde spirituel. En effet, la vue de l'esprit influe dans la vue du corps, aussi bien que la lumière; mais non celle-ci dans celle-là; car si cela était, il n'y aurait qu'une simple influence physique, non une influence spirituelle.

V.

Cette chaleur, aussi bien que cette lumière, influe dans l'homme, la chaleur dans sa volonté et y produit le bien de l'amour, et la lumière dans son entendement, et y produit le vrai de la sagesse.

7. On sait qu'en général tout se rapporte au bien et au vrai, et qu'il n'y a point d'être quelconque qui n'y soit relatif; de là vient qu'il y a dans l'homme deux réceptacles de vie, l'un qui est le réceptacle du bien, et qui est appelé volonté, et l'autre qui est le réceptacle du vrai, et qui est appelé entendement; et parce que le bien appartient à l'amour et le vrai à la sagesse, la volonté est le réceptacle de l'amour, et l'entendement celui de la sagesse. Que le bien appar-

tienne à l'amour, c'est que l'homme veut ce qu'il aime, et lorsqu'il le fait, il le nomme bien. Que le vrai appartienne à la sagesse, c'est que toute sagesse procède des vérités, et que même tout le bien que le sage pense est vrai et devient bon, lorsqu'il le veut et le met en pratique. Quiconque ne distingue pas ces deux réceptacles de vie, qui sont la volonté et l'entendement, et ne s'en forme point une notion bien claire, s'efforce en vain de connaître l'influence spirituelle. Car il se fait une influence dans la volonté, une autre dans l'entendement; dans la volonté influe le bien de l'amour, et dans l'entendement le vrai de la sagesse; l'un et l'autre procèdent de *Jéhovah* Dieu, immédiatement par le soleil, au milieu duquel il est, et médiatement par le ciel angélique. Ces deux réceptacles, la volonté et l'entendement, sont aussi distincts que la chaleur et la lumière; car la volonté reçoit la chaleur du ciel, laquelle dans son essence est amour, et l'entendement reçoit la lumière du ciel, qui dans son essence est sagesse, comme il a déjà été dit. Il y a une influence de l'esprit de l'homme dans ses paroles, et une autre dans ses actions; l'influence dans les paroles procède de la volonté par l'entendement, et l'influence dans les actions procède de l'entendement par la volonté. Ceux qui ne connaissent que l'influence dans l'entendement et ignorent l'influence dans la volonté, et qui raisonnent et concluent en conséquence, sont comme des borgnes qui ne voient les objets que d'un côté, ou comme des manchots qui travaillent péniblement d'une seule main, ou enfin comme des boiteux qui marchent en sautillant avec un bâton sur un seul pied. Par ce qui vient d'être dit on voit clairement que la chaleur spirituelle influe dans la volonté de l'homme, et y produit le bien de l'amour, et que la lumière spirituelle influe dans son entendement, et y produit le vrai de la sagesse.

VI.

Ces deux choses, chaleur et lumière, ou amour et sagesse, influent conjointement de Dieu dans l'âme de l'homme, par l'âme dans l'esprit, et de là dans les sens du corps, les paroles et les actions.

8. Jusqu'à présent les hommes instruits ont enseigné qu'il y a une influence spirituelle de l'âme dans le corps; mais ils n'ont pas dit qu'il y eût une influence dans l'âme, et par l'âme dans le corps, quoique l'on sache que tout bien de l'amour et toute vérité de la foi influent de Dieu dans l'homme, et nullement de l'homme. Or tout ce qui procède de Dieu influe immédiatement dans l'âme, par l'âme dans l'esprit, et par celui-ci dans le corps. Quiconque recherche autrement l'influence spirituelle est comme un homme qui obstrue le canal d'une

source, et veut cependant y trouver des eaux vives, ou comme celui qui cherche l'origine d'un arbre dans sa racine, et non dans la semence; ou enfin comme un homme qui examine les principes, sans remonter au principe. Car l'âme n'est point la vie en soi, mais elle est le réceptacle de la vie qui procède de Dieu, qui est la vie en soi: et toute influence vient de Dieu; ce qui est désigné par ces paroles : *Jéhovah Dieu souffla dans les narines de l'homme une âme de vie, et l'homme fut fait en âme vivante,* Gen. II, 7. Souffler dans les narines une âme de vie signifie insérer la perception du bien et du vrai. Le Seigneur dit aussi de lui-même : *Comme le Père a la vie en soi, il a aussi donné au Fils d'avoir la vie en soi.* Saint Jean, V, 26. La vie en soi, c'est Dieu, et la vie de l'âme est la vie procédant de Dieu. Maintenant, puisque toute l'influence appartient à la vie, que celle-ci opère par ses réceptacles, et que l'intime, ou premier réceptacle de l'homme, est son âme, pour bien comprendre cette influence, il faut commencer par Dieu, et non point par une station intermédiaire; car alors la doctrine de l'influence serait comme un char sans roues, ou comme un navire sans voiles. Cela étant, j'ai dû parler d'abord du soleil du monde spirituel, au milieu duquel est *Jéhovah* Dieu, article III, et ensuite de l'influence de l'amour et de la sagesse, et par conséquent de la vie, articles IV et V. Que la vie influe de Dieu dans l'âme de l'homme par l'âme dans l'esprit, c'est-à-dire, dans ses affections et ses pensées, et de là dans les sens du corps, les paroles et les actions, c'est que ces choses appartiennent à la vie dans un ordre successif; car l'esprit (*mens*) est subordonné à l'âme (*anima*), et le corps est subordonné à l'esprit. L'esprit a deux vies, l'une de la volonté, l'autre de l'entendement; la vie de la volonté est le bien de l'amour, dont les émanations sont appelées affections, et la vie de l'entendement est le vrai de la sagesse, dont les émanations sont nommées pensées; et c'est par ces affections et ces pensées que l'esprit vit. La vie du corps est les sensations, la parole et les actions; toutes ces choses viennent de l'âme par l'esprit, comme on le voit par l'ordre dans lequel elles s'exécutent; ce qui sera très-évident pour le sage, même sans un grand examen. L'âme humaine étant une substance spirituelle supérieure reçoit l'influence immédiatement de Dieu; mais l'esprit étant une substance spirituelle inférieure à l'âme reçoit l'influence de Dieu médiatement par le monde spirituel; et le corps étant une substance de la nature, que l'on nomme matière, reçoit l'influence de Dieu médiatement par le monde naturel. Nous verrons dans les articles suivants que le bien de l'amour et le vrai de la sagesse influent conjointement, c'est-à-dire unis ensemble, de Dieu dans l'âme de l'homme, mais que dans leurs progessions ils sont séparés par l'homme, et ne sont réunis que dans ceux qui se laissent conduire par Dieu.

VII.

Le soleil du monde naturel est pur feu; et le monde de la nature existe et subsiste par ce soleil.

9. Tout le monde sait par sa propre expérience, par les notions des sens et par les écrits publiés sur cette matière, que la nature et son monde, par lesquels on entend les atmosphères et les terres que l'on nomme planètes, parmi lesquelles est notre globe terrestre, ainsi que toutes et chacune des productions qui ornent tous les ans la surface de ce globe; chacun, dis-je, sait que toutes ces choses subsistent uniquement par le soleil qui est leur centre, et qu'il est présent par

tout par les rayons de sa lumière, et par sa chaleur. Or, comme il s'ensuit de là une perpétuelle subsistance, la raison peut en conclure très-certainement qu'il y a aussi une perpétuelle existence; car perpétuellement subsister, c'est perpétuellement exister. De là il suit que *Jéhovah* Dieu a créé le monde naturel médiatement par ce soleil. Nous avons déjà démontré que les choses spirituelles et les naturelles diffèrent essentiellement entre elles, et que l'origine et la conservation des choses spirituelles vient du soleil qui est pur amour, au milieu duquel est le créateur et conservateur de l'univers *Jéhovah* Dieu. Quant à l'origine et conservation des choses naturelles, elle vient du soleil qui est pur feu; celui-ci vient du premier soleil, et l'un et l'autre de Dieu, comme l'effet vient de la cause et la cause d'un premier principe. Que le soleil de la nature et de ses mondes soit pur feu, tous ses effets le prouvent; comme, la concentration de ses rayons dans un foyer, d'où il résulte un feu très-brûlant et même de la flamme, dont la chaleur est de la même nature que celle du feu élémentaire. La gradation de cette chaleur du soleil est selon les incidences; de là les climats et les quatre saisons de l'année. Par ce qui vient d'être dit, sans citer une infinité d'autres faits, la raison peut conclure, d'après le témoignage de l'expérience, que le soleil du monde naturel est pur feu, et même le feu dans toute sa pureté. Ceux qui ne savent rien de l'origine des choses spirituelles par leur soleil, et qui ne connaissent que l'origine des choses naturelles, ne peuvent que confondre les choses spirituelles avec les choses naturelles, et conclure, d'après les illusions des sens et de la raison, que les choses spirituelles ne sont que les naturelles plus pures, de l'activité desquelles excités par la lumière et la chaleur, se forment la sagesse et l'amour; et comme ces gens-là ne voient, ne sentent, ne respirent que la nature, ils lui attribuent toutes choses, même les spirituelles, et hument ainsi le naturalisme, comme une éponge absorbe l'eau. On peut les comparer à des cochers qui attelleraient leurs chevaux derrière le char. Il n'en est pas de même de ceux qui distinguent entre les choses spirituelles et les naturelles, et qui font venir celles-ci de celles-là; ils comprennent l'influence de l'âme dans le corps, savent qu'elle est spirituelle, et que les choses naturelles, qui sont du corps, servent à l'âme comme de véhicules et de milieux, par lesquels elle produit ses effets dans le monde naturel. Quiconque pense autrement peut être comparé à l'écrevisse, qui marche à reculons, et tourne ses yeux en arrière comme ses pas. Sa vue intellectuelle ne ressemble pas mal à la vue d'Argus, lorsque ses yeux de derrière veillaient, tandis que ceux de devant étaient endormis. De tels gens se croient pourtant fort pénétrants; car, disent-ils, qui ne voit pas que l'univers a pris naissance de la nature, et alors qu'est-ce que Dieu? sinon le centre de cette nature, et autres semblables rêveries dont ils se glorifient plus que les sages, des plus beaux raisonnements.

VIII.

Par conséquent tout ce qui procède de ce soleil, de soi-même est mort.

10. Quel est l'homme qui, par la lumière de son entendement, s'il est un peu élevé au-dessus des sens matériels, ne voit point que l'amour est de soi-même vivant, et que la présence de son feu est la vie, et qu'au contraire le feu élémentaire de soi-même et respectivement est mort; par conséquent, que le soleil du monde spirituel, étant pur amour, est vivant; et le soleil du monde naturel; étant pur feu, est mort; et que de même,

tout ce qui procède de ces deux soleils et existe par eux est mort ou vivant, selon son origine. Il y a deux causes dans l'univers qui produisent tous les effets, la *vie* et la *nature;* elles les produisent selon l'ordre, lorsque la vie excite la nature. Il n'en est pas de même lorsque c'est la nature qui excite la vie; ce qui arrive chez ceux qui mettent la nature, qui de soi est morte, au-dessus et au dedans de la vie, et qui, d'après ces idées, s'abandonnent entièrement aux voluptés des sens et à la concupiscence de la chair, et méprisent les choses spirituelles de l'âme et les rationnelles de l'esprit. Ces gens-là sont appelés *morts* à cause de ce renversement de l'ordre; tels sont tous les naturalistes athées dans ce monde, et tous les Satans dans l'enfer. Ils sont aussi appelés *morts* dans l'Ecriture, comme dans David: *Ils se sont attachés à Baalpéor, et ont mangé les sacrifices des morts.* Ps. CVI, 28. *L'ennemi poursuit mon âme, il me fait asseoir dans les ténèbres comme les morts de ce monde.* Ps. CXLIII, 3. *Pour entendre les gémissements de celui qui est lié, et pour ouvrir aux enfants de la mort.* Ps. CII, 21. Et dans l'Apocalypse : *Je connais tes œuvres; tu as la réputation d'être vivant, mais tu es mort ; sois vigilant, affermis le reste qui est près de mourir.* III, 1, 2. Ils sont appelés morts, parce la damnation est la mort spirituelle, et la damnation est destinée à ceux qui croient que la vie vient de la nature, et qu'ainsi la lumière de la nature est la lumière de la vie, et qui par là obscurcissent, suffoquent et éloignent toute idée de Dieu, du ciel et de la vie éternelle. Ils ressemblent aux hiboux, qui voient la lumière dans les ténèbres, et les ténèbres dans la lumière, c'est-à-dire ils voient le faux comme le vrai, le mal comme le bien; et comme pour eux le plaisir du mal est la volupté de leur cœur, on peut les comparer à ces oiseaux de proie qui dévorent les cadavres comme des friandises, et sentent les infections sépulcrales comme des parfums délicieux. Ces gens-là ne voient d'autre influence que l'influence physique ou naturelle; si cependant ils reconnaissent une influence spirituelle, ce n'est pas qu'ils en aient quelque idée, mais ils parlent d'après un maître.

IX.

Le spirituel se revêt du naturel comme l'homme d'un habit.

11. On sait que dans toute opération il y a un actif et un passif, ou un agent et un patient, et que rien n'existe par l'un ou l'autre seuls. Il en est de même du spirituel et du naturel : le spirituel étant la force vive est l'agent, et le naturel étant la force morte est le patient; de là il suit que tout ce qui dans le monde solaire a commencé et continue d'exister procède du spirituel par le naturel, et

cela non-seulement dans les individus du règne animal; mais encore dans ceux du règne végétal. On sait aussi que dans toute opération il y a un principe et un instrument, et que dans l'action ces deux choses paraissent comme une seule, quoiqu'elles soient deux bien distinctes. De là vient qu'on trouve parmi les axiomes de la philosophie que la cause principale et la cause instrumentale ne font qu'une seule cause. Il en est de même pour le spirituel et le naturel, qui, dans l'action, paraissent n'être qu'un seul, parce que le spirituel est dans le naturel, comme la fibre est dans le muscle, et le sang dans les artères, ou comme la pensée est dans les paroles, et l'affection dans les sons, et qu'il se fait sentir par le naturel, au moyen des paroles et des sons. On voit clairement par là que le spirituel se revêt du naturel, comme l'homme d'un habit. Le corps organique dont l'âme s'était revêtue est ici comparé à un habit, parce que ce corps couvre l'âme, que l'âme se dépouille et se débarrasse de ce corps comme d'une enveloppe inutile, lorsque, par la mort, elle passe du monde naturel dans son monde spirituel. Ce corps vieillit aussi comme un habit, mais non pas l'âme, parce qu'elle est une substance spirituelle, qui n'a rien de commun avec les êtres muables de la nature, qui naissent, croissent et périssent dans un temps déterminé. Ceux qui ne considèrent pas le corps comme le vêtement ou l'enveloppe de l'âme, vêtement qui en soi est mort, et adapté seulement pour recevoir les forces vivantes qui influent de Dieu par l'âme, ne peuvent que se tromper en concluant que l'âme vit par soi, et le corps de même, et qu'entre la vie de l'âme et celle du corps il y a une *harmonie préétablie*; ou même que la vie de l'âme influe dans la vie du corps, ou la vie du corps dans celle de l'âme, et conçoivent ainsi *l'influence spirituelle* ou *naturelle*, quoique tout ce que nous voyons nous prouve cette vérité, que l'effet n'agit point par soi, mais par la cause qui l'a produit, que celle-ci même n'agit pas de soi, mais par une autre cause supérieure, et qu'ainsi rien n'agit que par une première cause qui agit par soi, et cette cause première, c'est Dieu. De plus, la vie est unique; elle ne peut être créée, mais elle est très-propre à se répandre dans les formes organiquement adaptées pour la recevoir, et ces formes sont tous et chacun des êtres de cet univers créé. Plusieurs s'imaginent que l'âme est la vie, et qu'ainsi l'homme qui vit par l'âme vit par sa propre vie, et ainsi par soi, et non par cette influence de vie, procédant de Dieu; mais ces gens-là ne font qu'embrouiller le nœud gordien; ils y confondent tous les jugements de leur esprit par leurs fausses idées; de là leurs erreurs sur les choses spirituelles; ils s'engagent dans un labyrinthe d'où l'esprit ne peut plus se tirer, pas même à l'aide du fil secourable de la raison. En effet, ils s'enfoncent, pour ainsi dire, dans des cavernes souterraines, où ils vivent dans d'éternelles ténèbres, d'où sortent des erreurs sans nombre; quelques-unes même monstrueuses; par exemple, que Dieu s'est infusé et transcrit dans les hommes, et que par conséquent chaque homme est une divinité qui vit par soi, et qu'ainsi il fait le bien et est sage par soi; qu'il possède en soi la foi et la charité, qu'il les tire de soi et non de Dieu, et autres erreurs dangereuses, telles que celles où sont en enfer ceux qui, lorsqu'ils étaient dans le monde, ont cru que la nature vit, ou que par son mouvement elle produit la vie; ces malheureux, lorsqu'ils regardent le ciel, voient sa lumière comme de pures ténèbres. J'entendis un jour une voix du ciel qui disait que si dans l'homme il y avait eu une étincelle de vie qui fût de lui, et non de Dieu, le ciel n'existerait pas, ni rien de ce qu'il y a dans le ciel, et que par conséquent il n'y aurait point eu d'église, et ainsi point de vie éternelle. Voyez, pour de plus grands détails sur cela, les nos 132 jusqu'à 136, dans l'ouvrage de *l'Amour conjugal*.

X.

Le spirituel, ainsi revêtu, fait que l'homme peut vivre ici-bas rationnellement et moralement, et par là spirituellement.

12. Du principe ci-dessus établi, que l'âme se revêt du corps, comme l'homme d'un habit, on peut tirer cette conclusion. Car l'âme influe dans l'esprit, et par l'esprit dans le corps, et porte avec soi la vie, qu'elle reçoit continuellement de Dieu, et la transmet ainsi médiatement au corps, où, par l'union la plus étroite, elle fait que le corps paraît vivre; de là, et de mille preuves tirées de l'expérience, il est évident que le spirituel uni au

matériel, comme la force vive à la force morte, fait que l'homme parle rationnellement et agit moralement; il semble que ce sont la langue et les lèvres qui parlent par une vie qui soit à elles, et les bras et les mains qui agissent de même; mais, en effet, c'est la pensée, qui en soi est spirituelle, qui parle, et la volonté, qui est également spirituelle, qui agit; et l'une et l'autre par le moyen de leurs organes qui en soi sont matériels, parce qu'ils sont pris du monde naturel; ce qui vous paraîtra aussi clair que le jour, si vous faites attention à ceci : séparez par abstraction la pensée de la parole, n'est-il pas vrai que la bouche sera muette dans le moment? Séparez aussi la volonté de l'action, les mains ne resteront-elles pas aussitôt sans mouvement? L'union du spirituel avec le naturel, et par conséquent la présence de la vie dans le matériel, peut être comparée au vin dans une éponge, au moût dans le raisin, à la liqueur savoureuse dans une poire, ou à l'odeur aromatique dans la cannelle; les fibres de l'éponge, du raisin, de la poire, de la cannelle, sont des matières qui de soi n'ont aucun goût, ni odeur; mais elles tirent l'un et l'autre des fluides qui sont en elles ou autour d'elles; c'est pourquoi, si vous en exprimez ces fluides, ce ne sont plus que des fils morts. Il en est de même des organes du corps, si la vie en est ôtée. Que l'homme soit raisonnable par l'union du spirituel avec le naturel, cela se prouve par l'analyse de sa pensée; et qu'il soit moral par l'honnêteté de ses actions et la politesse de ses manières. Voilà des choses que l'homme doit à la faculté qu'il a de recevoir l'influence qui vient de Dieu par le ciel angélique, séjour de la sagesse et de l'amour, et par conséquent de la rationalité et de la moralité. Par là on voit que le spirituel et le naturel, unis dans l'homme, font qu'il vit ici-bas spirituellement. Ce qui arrive aussi après la mort, quoique d'une autre manière, parce que l'âme de l'homme est alors revêtue d'un corps substantiel; comme elle l'avait été d'un corps matériel dans ce monde naturel. Plusieurs s'imaginent que les perceptions et les pensées de l'esprit étant spirituelles influent toutes nues, et non par des formes organisées; mais ils se trompent fort, parce qu'ils ne font point attention à l'intérieur de la tête, où les perceptions et les pensées sont dans leurs principes; ils ne voient pas que dans cette partie sont contenus le cerveau et le cervelet, composés des substances cendrée et médullaire, et renfermant des glandes, des canaux, des cloisons; le tout contenu et entouré par la dure et la pie-mère ou les méninges, et que l'homme pense et veut bien ou mal, selon l'état bon ou mauvais de tous ces organes; et que par conséquent il est raisonnable, selon l'information organique de son esprit (*a*). Car la vue rationnelle de l'homme, qui appartient à l'entendement, serait nulle, sans les formes organisées pour la réception de la lumière spirituelle, comme sa vue naturelle sans les yeux, et ainsi du reste.

XI.

La réception de cette influence est conforme à l'état de l'amour et de la sagesse dans l'homme.

13. Nous avons démontré ci-dessus

(*a*) Il ne faudrait pas conclure que l'homme n'est pas libre, parce qu'il pense et veut bien ou mal, selon la conformation bien ou mal organisée du cerveau ; ce serait assurément aller contre l'intention de l'auteur qui a si bien établi la liberté de l'homme. L'homme peut vouloir le mal et faire le bien. Eh ! quelle est ici-bas sa tâche ? N'est-ce pas de réprimer ses penchans vicieux, et de diriger au bien sa volonté ; ou, pour parler le langage de notre auteur, de soumettre sa volonté à l'entendement ? Je comparerais volontiers celle-là à un cheval fougueux qui se précipite par tout où on le pousse ; et l'entendement, au guide qui le fait aller où il veut. Aussi quand ce guide est mauvais, que de fausses routes, que de chutes il en résulte ! On peut citer pour exemple les fous, chez qui le dérangement organique du cerveau produit un bouleversement total dans les opérations intellectuelles.

que l'homme n'est point la vie, mais l'organe de la vie de Dieu; que l'amour uni avec la sagesse est la vie, et que Dieu est l'amour et la sagesse même, et par conséquent la vie; de là il suit que plus l'homme aime la sagesse, ou plus la sagesse est dans le sein de l'amour en lui, plus il est l'image de Dieu, c'est-à-dire le réceptacle de la vie procédant de Dieu; et qu'au contraire, plus il est dans l'amour opposé, et par là dans la folie, moins il reçoit la vie de Dieu, et plus il reçoit la vie de l'enfer, laquelle vie est appelée mort. L'amour et la sagesse ne sont point la vie; mais ils sont l'être de la vie; et les douceurs de l'amour et les charmes de la sagesse, qui sont les affections, sont la vie; car l'être de la vie existe par ces affections. L'influence de la vie procédant de Dieu porte avec soi ces douceurs et ces charmes, comme l'influence de la lumière et de la chaleur dans le printemps les porte dans les cœurs des hommes, dans les oiseaux et les bêtes de toute espèce, et même dans les végétaux qui germent alors et fructifient. Car les douceurs de l'amour et les charmes de la sagesse dilatent les cœurs et les disposent à la réception, comme la joie fait épanouir la face, et la dispose à l'influence des voluptés de l'âme. L'homme que l'amour de la sagesse affecte est comme le jardin d'Eden, où sont deux arbres, l'un de la vie, et l'autre de la science du bien et du mal; l'arbre de vie est la réception de l'amour et de la sagesse de Dieu, et l'arbre de la science du bien et du mal est la réception de l'amour et de la sagesse de soi-même; l'homme qui reçoit de soi-même l'amour et la sagesse, croit être sage comme Dieu, mais il est réellement fou; celui-là est véritablement sage qui les reçoit de Dieu, et qui croit qu'il n'y a de sage que Dieu seul, et que l'homme est sage autant qu'il croit cette vérité, et d'autant plus qu'il sent la vouloir. Voyez pour un plus grand détail sur ce sujet, dans l'ouvrage de l'*Amour conjugal*, n° 132 à 136. J'ajouterai ici un secret du ciel, qui confirme ce que j'avance; savoir, que tous les anges du ciel tournent le sinciput vers le Seigneur comme soleil, et que tous les anges de l'enfer tournent vers lui l'occiput; que ceux-ci reçoivent l'influence dans les affections de leur volonté, qui en soi sont concupiscences, et y font accorder leur entendement; mais que ceux-là reçoivent l'influence dans les affections de leur entendement, et y font accorder la volonté, et par conséquent les uns sont dans la sagesse, et les autres dans la folie; car l'entendement humain réside dans le cerveau, qui est sous le sinciput, et la volonté dans le cervelet qui est dans la région de l'occiput. Qui ne sait point que l'homme insensé par les erreurs qu'il adopte lâche la bride à ses mauvais désirs, et les appuie par les raisons que lui fournit son entendement; et que celui, au contraire, qui est devenu sage par les vérités, voit quelles sont les passions de sa volonté et les réprime? L'homme sage agit ainsi, parce qu'il tourne sa face vers Dieu, c'est-à-dire croit en Dieu, et non en soi; mais l'insensé agit autrement, parce qu'il détourne sa face de Dieu, c'est-à-dire croit en soi, et non en Dieu; croire en soi, c'est croire qu'on aime et qu'on est sage par soi, et non par Dieu; et c'est ce qui est désigné par *manger de l'arbre de la science du bien et du mal;* et croire en Dieu, c'est croire qu'on aime et qu'on est sage par Dieu, et non par soi; et c'est là *manger de l'arbre de vie*, Apoc. II, 7. On peut voir par là, quoique obscurément encore, que la réception de l'influence de la vie procédant de Dieu est conforme à l'état de l'amour et de la sagesse en l'homme. Cette influence, au reste, peut être rendue sensible par l'influence de la lumière et de la chaleur dans les végétaux, qui fleurissent et fructifient selon la contexture des fibres qui les composent, et ainsi suivant la réception de l'influence. On peut aussi l'éclaircir par l'influence des rayons de lumières dans les pierres précieuses, qu'ils modifient en couleurs selon la position des parties dont elles sont composées, et par conséquent selon la réception. On peut encore en prendre une idée claire par les prismes et par les eaux de pluie, au moyen desquels on voit une infinité de couleurs selon les incidences, les réfractions, et par conséquent selon la réception de la lumière. Il en est de même pour les esprits humains, quant à la lumière spirituelle, qui procède du Seigneur comme soleil, et influe continuellement, mais est différemment reçue.

XII.

L'entendement dans l'homme peut être élevé dans la lumière, c'est-à-dire dans la sagesse où sont les anges du ciel, selon la culture de la raison, et sa volonté peut être élevée dans la chaleur, c'est-à-dire dans l'amour où sont les anges, selon les actions de sa vie; mais l'amour de la volonté ne peut être élevé qu'autant que l'homme veut et fait ce que lui enseigne la sagesse de l'entendement.

14. Par l'esprit de l'homme on entend ses deux facultés appelées entendement et volonté: l'entendement est le réceptacle de la lumière du ciel, qui dans son essence est sagesse, et la volonté est le réceptacle de la chaleur du ciel, qui dans son essence est amour, comme on l'a vu ci-dessus: ces deux choses, sagesse et amour, procèdent du Seigneur, comme soleil, et influent dans le ciel universellement et particulièrement; de là, la sagesse et l'amour dans les anges; et de même dans ce monde matériel universellement et particulièrement; de là, la sagesse et l'amour dans les hommes.

Or, cette sagesse et cet amour procèdent de Dieu ensemble ; ils influent également ensemble dans les âmes des anges et des hommes ; mais ils ne sont pas reçus ensemble dans leur esprit ; car, d'abord, la lumière qui fait l'entendement y est reçue, et ensuite l'amour qui fait la volonté, et cela est ainsi par une sage prévoyance, parce que tout homme doit être créé de nouveau, c'est-à-dire, réformé, ce qui se fait par l'entendement. Car il puise dès son enfance les connaissances du vrai et du bon, qui lui enseignent à bien vivre, c'est-à-dire à vouloir et à faire le bien : ainsi la volonté se forme par l'entendement. C'est pour cette fin qu'a été donnée à l'homme la faculté d'élever son entendement presque à la lumière, dans laquelle sont les anges du ciel, afin qu'il voie ce qu'il doit vouloir et faire pour être content dans ce monde pour le temps, et heureux après sa mort pour l'éternité : il est heureux et content s'il acquiert la sagesse et retient sa volonté sous l'empire de la sagesse; mais infortuné et malheureux, s'il soumet son entendement à sa volonté : la raison en est que la volonté, dès la naissance, est portée au mal et au crime; c'est pourquoi, s'il ne la réprimait par l'entendement, l'homme se précipiterait dans les crimes les plus horribles, et même, poussé par sa nature féroce, il pillerait, il massacrerait pour son plaisir tous ceux qui ne seraient pas de son parti ou qui ne lui plairaient point. De plus, si l'entendement ne pouvait être perfectionné séparément, et la volonté par l'entendement, l'homme ne serait point homme, mais une bête. Car sans cette séparation, et sans l'élévation de l'endement au-dessus de la volonté, il n'aurait pu penser, ni parler d'après ses pensées, mais seulement montrer, par un son quelconque, son affection; il n'aurait pu non plus agir par raison, mais par instinct; encore moins aurait-il pu connaître les choses qui concernent Dieu, et par elles Dieu lui-même, ni par conséquent être uni à lui, et vivre éternellement. Car l'homme pense et veut en apparence par lui-même, et cette apparence est une réciprocité d'union; en effet, il n'y a point d'union sans réciproque, comme il n'y a point d'union de l'actif avec le passif sans réactif. Dieu seul agit, et l'homme reçoit l'action, et réagit en apparence par soi; mais dans le vrai, c'est par Dieu qu'il agit. De ce que nous venons de dire bien compris, on peut voir quel est l'amour de la volonté de l'homme, s'il est élevé par l'entendement, et quel il est, s'il n'est point élevé, et par conséquent quel est l'état de l'homme. Mais quel est l'état de l'homme, si l'amour de la volonté n'est point élevé par l'entendement? C'est ce que nous allons éclaircir par des comparaisons. Il est comme un aigle qui prend son essor dans les airs: dès qu'il aperçoit au-dessous de lui quelque proie capable de tenter son appétit, comme poules, oisons, agneaux, il se précipite dessus à l'instant, l'enlève et la dévore; il est comme un adultère, qui cache une femme de mauvaise vie dans un lieu bas et secret de sa maison, et monte de temps en temps dans les autres appartements, où il parle sagement de la chasteté avec ceux qui s'y trouvent; mais un moment aprés, s'échappant du milieu de la compagnie, il descend dans ce lieu secret et va assouvir sa passion avec cette femme perdue : il est encore semblable à un voleur qui se campe au haut d'une tour où il feint de faire la garde; dès qu'il aperçoit en bas quelque objet de rapine, le voilà qui se hâte de descendre, et se met à piller : il peut aussi être comparé aux mouches des marais, qui volent en troupe sur la tête d'un cheval qui galope, mais qui, lorsque le cheval s'arrête, s'éloignent, et vont se replonger dans leurs marais. Tel est l'homme, dont la volonté ou l'amour n'est point élevé par l'entendement : en effet, il vit alors dans la fange, plongé dans les immondices de la nature et les voluptés des sens. Il n'en est pas ainsi de celui qui, par la sagesse de l'entendement, dompte les amorces des passions de sa volonté : chez lui, dans la suite, l'entendement fait une alliance conjugale avec la volonté, et conséquemment la sagesse avec l'amour, et y cohabitent pour toujours avec toutes leurs délices.

XIII.

Il en est bien autrement dans les bêtes.

15. Ceux qui jugent d'après la seule apparence des choses qui se présentent à leurs sens concluent que les bêtes ont la volonté et l'entendement comme les hommes, et que par conséquent la seule différence qu'il y a, c'est que l'homme peut parler, et énon-

cer ce qu'il pense et ce qu'il désire, et la bête seulement exprimer tout cela par un son quelconque. La vérité est pourtant qu'il n'y a dans les bêtes ni volonté ni entendement; mais seulement quelque chose qui en tient lieu, et que les savants désignent sous le nom d'*analogue*. L'homme est tel, parce que son entendement peut être élevé au-dessus des désirs de sa volonté, et par là les connaître, les voir et les modérer; mais la bête est telle, parce que ses désirs la portent à faire tout ce qu'elle fait. Ainsi ce qui distingue l'homme de la bête, c'est que dans celui-ci la volonté est sous la dépendance de l'entendement, et dans la bête, au contraire, l'entendement est sous l'empire de la volonté. De là on peut tirer cette conséquence, que l'entendement de l'homme est vivant, et par conséquent un vrai entendement, parce qu'il reçoit la lumière qui influe du ciel, la prend et la sent comme étant en soi, et par elle pense et produit les idées les plus variées comme de lui-même, et que sa volonté est vivante, et par là une véritable volonté, parce qu'elle reçoit l'amour qui influe du ciel, et par le moyen duquel il agit comme de lui-même. C'est tout le contraire dans les bêtes. Ainsi ceux qui pensent d'après les passions de leur volonté sont semblables aux bêtes, et même dans le monde spirituel ils paraissent de loin comme des bêtes ; ils agissent aussi comme elles, avec cette seule différence qu'ils peuvent agir autrement, s'ils le veulent. Mais ceux qui répriment par l'entendement les passions de leur volonté, et par là agissent raisonnablement et sagement, paraissent dans le monde spirituel comme des hommes, et sont des anges du ciel. En un mot, la volonté et l'entendement dans les bêtes sont toujours unis ; et parce que la volonté en soi est aveugle, puisqu'elle vient de la chaleur, et non de la lumière, elle rend aussi l'entendement aveugle; de là vient que la bête ne sait point et ne comprend point ce qu'elle fait, et cependant elle agit; mais elle agit par l'influence procédant du monde spirituel, et cette action dans la bête est ce que nous nommons instinct. On s'imagine que la bête pense et comprend ce qu'elle fait; mais cela n'est point: elle est seulement portée à agir par un amour naturel qui lui est implanté dès la création, et par l'aiguillon de ses sens corporels. Si l'homme pense et parle, c'est uniquement parce que son entendement peut être séparé de sa volonté, et élevé jusque dans la lumière du ciel; car l'entendement produit la pensée, et la pensée les paroles. Si les bêtes agissent conformément aux lois de l'ordre gravées dans leur nature, et quelques-unes même moralement et raisonnablement en quelque manière, bien différentes en cela de certains hommes, c'est que leur entendement est l'obéissance aveugle des désirs de leur volonté, et que par là elles n'ont pu pervertir ces désirs par de mauvais raisonnements, comme ont fait les hommes. Il faut observer que par la volonté et l'entendement des bêtes, dans ce qui vient d'être dit, j'entends ce qui en tient lieu, l'*analogue*. Ce mot analogue vient d'un mot grec qui désigne l'apparence (*a*). La vie de la bête peut être comparée à un noctambule qui marche et agit par sa seule volonté, tandis que son entendement est assoupi ; à un aveugle qui va dans les rues conduit par un chien; à un imbécile qui, par l'usage et l'habitude, fait un ouvrage selon les règles; enfin à un homme qui n'a point de mémoire, et par conséquent privé d'entendement, qui ce-

---

(*a*) Analogue en grec ἀναλόγος (analogos) vient d'ἀνα qui en composition marque similitude, ressemblance, et de λόγος, discours, parole, raison, opinion; analogue signifie donc ressemblance, semblable en apparence.

pendant fait ou apprend à se vêtir, à manger, à aimer le sexe, à aller dans les places de maisons en maisons et à faire tout ce qui flatte ses sens et ses désirs charnels, par les amorces desquels il se laisse conduire, quoiqu'il ne pense point, et par conséquent ne puisse parler. Par là on voit combien se trompent ceux qui croient que les bêtes sont douées de la raison, et qu'elles diffèrent des hommes seulement par la forme extérieure, et parce qu'elles ne peuvent énoncer leurs pensées. De ces faussetés plusieurs osent conclure que, si l'homme vit après sa mort, la bête vivra aussi, et que d'un autre côté, si la bête ne vit point après sa mort, l'homme ne vivra pas non plus, et autres erreurs pareilles, nées de l'ignorance où ils sont sur la volonté et l'entendement, et sur les degrés par lesquels l'esprit de l'homme s'élève comme par une échelle jusqu'au ciel.

XIV.

Il y a trois degrés dans le monde spirituel et trois degrés dans le monde naturel, jusqu'à présent inconnus, selon lesquels se fait toute influence.

16. En recherchant les causes par les effets, on trouve qu'il y a deux espèces de degrés : les uns renferment les quantités antérieures et postérieures (*priora et posteriora*), les autres les quantités plus ou moins grandes (*majora et minora*). Les degrés qui distinguent les quantités antérieures et postérieures doivent être appelés *degrés de hauteur* ou *séparés*, et les degrés par lesquels les quantités plus ou moins grandes sont distinguées l'une de l'autre doivent être nommés *degrés de largeur* ou *continus*. Les degrés de hauteur ou séparés sont comme les générations et les compositions d'une chose par une autre ; par exemple, d'un nerf par les fibres, et d'une fibre par les fibrilles ; ou d'un bois, d'une pierre par les parties, et d'une partie

par les particules. Les degrés de largeur ou continus sont comme les accroissements et décroissements d'un même degré de hauteur par rapport à la largeur, longueur et profondeur; par exemple, du volume plus ou moins grand de l'eau, de l'air, ou de l'éther, ou comme celui des masses de bois, de pierre, de métal, etc. Toutes et chacune des choses qui sont dans les mondes spirituel et naturel sont par leur création dans ces deux espèces de degrés, tant le règne animal dans notre monde en général et en particulier, que le règne végétal et le minéral aussi bien que l'étendue atmosphérique depuis le soleil jusqu'à la terre. C'est pourquoi il y a trois atmosphères distinctes l'une de l'autre selon les degrés de hauteur, tant dans le monde spirituel que dans le monde naturel, parce qu'il y a un soleil dans l'un comme dans l'autre de ces mondes. Mais les atmosphères du monde spirituel sont substantielles par leur origine, de même que les atmosphères du monde naturel sont matérielles, et parce que ces atmosphères descendent de leur origine suivant ces degrés, et qu'elles sont les réservoirs de la lumière et de la chaleur, et comme les véhicules pour les porter partout, il suit qu'il y a trois degrés de lumière et de chaleur; et parce que la lumière dans le monde spirituel dans son essence est sagesse, et que la chaleur dans son essence est amour, ainsi que nous l'avons fait voir ci-dessus, il s'ensuit aussi qu'il y a trois degrés de sagesse et trois degrés d'amour, et par conséquent trois degrés de vie. De là vient aussi qu'il y a trois cieux angéliques : le suprême, qui est aussi appelé le troisième, où sont les anges du suprême degré; le moyen, qui est aussi nommé le second, où sont les anges de moyen degré; et le dernier aussi appelé le premier, où sont les anges du dernier degré. Les cieux sont encore distingués selon les degrés de sagesse et d'amour : ceux qui sont dans le premier ciel sont dans l'amour de savoir les vérités et les biens ; ceux qui sont dans le second sont dans l'amour de les comprendre, et ceux qui sont dans le troisième sont dans l'amour d'être sages, c'est-à-dire de vivre selon ce qu'ils savent et comprennent. De même que les cieux angéliques sont distingués en trois degrés, de même aussi l'esprit de l'homme est distingué en trois degrés, parce qu'il est l'image du ciel, c'est-à-dire le ciel en petit ; de là vient que l'homme peut devenir ange de l'un de ces trois cieux, et cela se fait selon la réception de l'amour et de la sagesse procédant du Seigneur ; ange du premier ciel, s'il reçoit seulement l'amour de savoir les vérités et les biens ; ange du second ciel, s'il reçoit l'amour de les comprendre ; et ange du troisième ciel, s'il reçoit l'amour d'être sage, c'est-à-dire de vivre selon les vérités et les biens qu'il connaît.

Que l'esprit de l'homme soit distingué en trois degrés conformément aux cieux, voyez-en la preuve dans l'ouvrage de *l'Amour conjugal*, n° 270. Par ce qui vient d'être dit, il est évident que toute influence spirituelle descend du Seigneur dans l'homme par ces trois degrés, et qu'elle est reçue par l'homme selon le degré de sagesse et d'amour où il est. La connaissance de ces degrés est aujourd'hui d'une très grande utilité, parce que plusieurs les ignorant, vivent et persistent dans le dernier degré, où sont les sens de leur corps, et qu'à cause de cette ignorance qu'on peut appeler les ténèbres de l'entendement, ils ne peuvent être élevés dans la lumière spirituelle qui est au-dessus d'eux. De là le naturalisme où ils tombent dès qu'ils veulent examiner la nature de l'âme, de l'esprit et de ses facultés, et bien plus encore, lorsqu'ils raisonnent sur le ciel et sur la vie future. On pourrait les comparer à ces méprisables astrologues qui, après avoir bien examiné le ciel, ne vous donnent que de vaines prédictions; à ces grands causeurs, qui parlent et raisonnent sur tout ce qu'ils voient et entendent, avec cette différence pourtant que ceux-ci mettent une ombre de jugement dans leurs décisions; à des bouchers qui se croiraient de grands anatomistes, pour avoir examiné superficiellement les entrailles des bœufs et des brebis. C'est pourtant une vérité que penser d'après les seules lueurs de la lumière naturelle non éclairée par la lumière spirituelle, ce n'est autre chose que rêver et que parler d'après ces pensées, c'est parler au hasard comme les devins. Quant aux degrés dont il a été question dans cet article, voyez l'ouvrage du *Divin amour et de la Divine sagesse*, n° 113 jusqu'à 281, où il en est plus amplement traité.

XV.

Les fins sont dans le premier degré, les causes dans le second, et les effets dans le troisième.

17. Qui ne voit point que la fin n'est pas la cause, mais le produit; que celle-ci n'est point l'effet, mais le produit; et par conséquent que ce sont trois choses distinctes qui se succèdent par ordre? La fin chez l'homme, c'est l'amour de sa volonté; car ce que l'homme aime, il se le propose pour but. La cause, c'est la raison de son entendement; car c'est par cette raison que la fin recherche les causes moyennes ou efficientes; et l'effet est l'opération du corps par et selon la fin et la cause. Il y a donc trois choses dans l'homme, qui se succèdent par ordre l'une à l'autre, comme les degrés de hauteur. Lorsque ces trois choses agissent, alors la fin se trouve dans la cause, et par la cause dans l'effet; c'est pourquoi elles coexistent toutes

les trois dans l'effet. De là vient qu'il est dit dans la parole que chacun sera jugé selon ses œuvres ; car la fin ou l'amour de sa volonté, et la cause ou la raison de son entendement coexistent dans les effets, qui sont les œuvres de son corps, et par conséquent l'état de l'homme entier s'y trouve aussi. Ceux qui ignorent cela, et distinguent ainsi les objets de la raison, ne peuvent que borner leurs idées aux atomes d'Épicure, aux monades de Leibnitz, ou aux substances simples de Wolf, et par là fermer, pour ainsi dire, au verrou leur entendement, de manière qu'ils ne peuvent plus, même à l'aide de la raison, penser sur l'influence spirituelle, parce qu'ils n'ont point d'idée d'une *progression*. En effet, ce dernier auteur dit de sa substance simple qu'étant divisée elle est réduite à rien. C'est ainsi que l'entendement s'arrête à sa première lumière qui ne lui vient que des sens, et ne peut aller plus avant. De là vient qu'alors on s'imagine que le spirituel n'est autre chose que le naturel subtilisé, que la brute ainsi que l'homme est douée de la raison, et que l'âme est un souffle semblable à celui que l'homme exhale quand il meurt, autres rêveries semblables qui viennent plutôt des ténèbres que de la lumière. Puisque toutes les choses, soit dans le monde spirituel, soit dans le monde naturel, vont conformément à ces degrés, comme il a été dit dans l'article précédent, il est évident que connaître ces degrés, savoir les distinguer l'un de l'autre, et les voir dans leur ordre, c'est proprement là l'intelligence. Par cette connaissance, il est même facile de connaître l'état de l'homme, lorsqu'on sait quel est son amour; car, comme on l'a dit, la fin, qui appartient à la volonté, les causes qui sont du ressort de l'entendement, et les effets, qui sont au corps, viennent tous de l'amour comme l'arbre vient de la semence, et le fruit de l'arbre. Il y a trois sortes d'amour: l'amour du ciel, l'amour du monde et l'amour de soi. L'amour du ciel est spirituel, l'amour du monde est matériel, et l'amour de soi est corporel. Quand l'amour spirituel domine, tout ce qui vient de lui, comme les formes de leur essence, est spirituel; si l'amour principal est celui du monde ou des richesses, et par là matériel, tout ce qui vient de lui, comme les productions de leur principe, est matériel; de même, si l'amour dominant est l'amour de soi ou de la prééminence sur tous les autres, et ainsi corporel, tout ce qui vient de lui est corporel, parce que l'homme qui est dans cet amour ne pense qu'à soi, et par là plonge dans le corps toutes les pensées de son esprit. Donc, comme il a été dit ci-dessus, quiconque connaît l'amour dominant de quelqu'un, et les progressions des fins aux causes, et des causes aux effets, trois choses qui se succèdent par ordre selon les degrés de hauteur, peut se flatter de connaître l'homme à fond. C'est ainsi que les anges du ciel connaissent tous ceux avec lesquels ils parlent; ils distinguent leur amour au son de leur voix, à leur visage ils voient leur intérieur, et à leurs gestes leur état.

XVI.

Par là on voit quelle est l'influence spirituelle depuis son origine jusqu'à ses effets.

18. Jusqu'à présent on a fait venir l'influence spirituelle de l'âme dans le corps, et non de Dieu dans l'âme, et ainsi dans le corps, et cela parce qu'on n'avait encore rien su du monde spirituel et de son soleil, duquel viennent, comme de leur source, toutes les choses spirituelles; ni par conséquent de l'influence du spirituel dans le naturel. Maintenant comme il m'a été accordé d'être en même temps dans le monde spirituel et dans le monde naturel, et

par là de voir l'un et l'autre monde, l'un et l'autre soleil, je me crois obligé de manifester ces choses : car, que sert-il de savoir, si ce que l'on sait un autre ne peut le savoir aussi? Qu'est-ce que savoir sans faire part aux autres de sa science, sinon amasser de grands trésors, les tenir renfermés, ou seulement les examiner de temps en temps et les compter sans aucune intention d'en faire usage? C'est là véritablement l'avarice spirituelle. Mais, pour connaître parfaitement ce que c'est et quelle est l'influence spirituelle, il faut savoir ce que c'est que le *spirituel* dans son essence, ce que c'est que le *naturel*, et enfin ce que c'est que *l'âme humaine* : afin donc de mieux comprendre ce petit traité, il conviendra de consulter quelques articles de l'ouvrage de l'Amour conjugal, pour le *spirituel*, nos 326 à 329, pour *l'âme humaine*, no 315, et pour *l'influence du spirituel* dans le *naturel*, no 380 et plus au long, nos 415 et 422.

19. Après que j'eus écrit ce qu'on vient de lire, je priai le Seigneur qu'il me fût permis de parler avec les disciples d'*Aristote*, de *Descartes* et de *Leibnitz*, afin de connaître leurs opinions sur le commerce de l'âme et du corps. Après ma prière, je vis autour de moi neuf hommes, trois Aristotéliciens, trois Cartésiens et trois Leibnitziens. Les adorateurs d'Aristote étaient à gauche, les sectateurs de Descartes à droite, et derrière, les fauteurs de Leibnitz : au loin et à une certaine distance l'un de l'autre, je vis trois hommes qui paraissaient comme les coryphées, et je compris que c'étaient les chefs ou les maîtres eux-mêmes. Derrière Leibnitz était quelqu'un tenant de la main le bas de sa robe, et l'on me dit que c'était Wolf. Ces neuf personnages, se regardant mutuellement, se saluèrent d'abord poliment, et se mirent à converser. Mais dans l'instant il s'éleva des enfers un esprit tenant

dans la main droite une petite torche qu'il agitait devant leur visage; dès lors ils devinrent ennemis, trois contre trois; ils se regardaient d'un air menaçant : la fureur de contredire et de disputer les saisit. Les Aristotéliciens, qui étaient aussi scolastiques, commencèrent la dispute, disant : Qui ne voit point que les objets influent par les sens dans l'âme, de la même manière qu'un homme entre par la porte dans la maison, et que l'âme pense d'après cette influence? N'est-il pas vrai que lorsqu'un amant voit sa jeune amante ou sa fiancée, son œil étincelle, et porte l'amour dans son âme? N'est-il pas vrai qu'un avare, voyant des bourses pleines d'argent, les dévore des yeux, et que cette ardeur passant de ses sens dans son âme y excite le désir de les posséder? N'est-il pas vrai que l'orgueilleux s'entendant louer par quelqu'un écoute avec transport ces louanges, qui passent de son oreille dans son âme? Les sens ne sont-ils pas comme les canaux par lesquels uniquement tout entre dans le corps? Qui peut, après cela et mille autres exemples semblables, ne pas conclure que l'influence est purement naturelle ou physique? A cela les sectateurs de Descartes répondirent de la sorte : Hélas! vous parlez d'après les apparences. Ne savez-vous pas que ce n'est pas l'œil qui aime la jeune amante, mais l'âme; que ce ne sont pas les sens du corps qui désirent l'argent, mais l'âme; qu'enfin c'est l'âme et non les oreilles qui saisit les louanges? N'est-ce pas la perception qui fait sentir, et la perception n'appartient-elle pas à l'âme et non au corps? Dites-nous, si vous le pouvez, quelle autre chose que la pensée fait parler la langue et les lèvres, et quelle autre chose que la volonté fait agir les mains? Or la pensée et la volonté appartiennent à l'âme et non au corps. Dites-nous donc quelle autre chose que l'âme fait voir l'œil, entendre les oreilles et sentir les autres organes? De là et de mille autres choses semblables, tout homme qui s'élève un peu au-dessus des sens conclura que l'influence ne se fait point du corps dans l'âme, mais de l'âme dans le corps; influence que nous appelons occasionnelle ou spirituelle. Les trois fauteurs de Leibnitz, qui étaient derrière les autres, élevèrent alors leurs voix et dirent : Nous avons entendu les raisons des deux partis, nous les avons comparées, et nous voyons qu'en plusieurs points les unes prévalent sur les autres. C'est pourquoi, si vous le permettez, nous allons vous mettre d'accord. Interrogés comment, ils répondirent : Il n'y a point d'influence de l'âme dans le corps, ni du corps dans l'âme; mais seulement une opération unanime et instantanée de l'une et l'autre ensemble, opération que rotre célèbre maître a désignée par un nom bien significatif, en l'appelaut harmonie préétablie. Alors le même esprit parut de nouveau avec sa petite torche, mais dans la main gauche, et il l'agita derrière leur tête. Dans l'instant toutes leurs idées furent dans la plus grande confusion, et ils se mirent tous à crier : Notre âme ni notre corps ne savent plus où nous en sommes. Terminons donc ces disputes par le sort, et rangeons-nous du côté du parti pour qui le premier sort tombera. Ils prirent trois petits morceaux de papier, sur l'un desquels ils écrivirent : *Influence physique* ; sur l'autre : *Influence spirituelle* ; et sur le troisième : *Harmonie préétablie*. Ils les mirent tous les trois au fond d'un chapeau, et choisirent un d'entre eux pour en tirer un. Celui-ci ayant mis la main dans le chapeau en tira celui des billets qui portait : *Influence spirituelle*. Tous l'ayant vu et lu dirent, les uns pourtant d'une voix claire et coulante, les autres d'une voix obscure et embarrassée :

Nous sommes pour ce parti, puisque le sort le veut ainsi. Mais tout à coup parut un ange qui dit : Ne croyez point que ce soit par hasard que ce billet de l'influence spirituelle est sorti le premier : c'est par une permission expresse de Dieu. Car vous qui êtes dans un tourbillon d'idées confuses, vous ne voyez point la vérité de cette influence; mais la vérité s'est offerte elle-même à vos mains, afin que vous la suiviez.

---

20. Un jour quelqu'un me demanda comment de philosophe j'étais devenu théologien. Je répondis : de la même manière que des pêcheurs furent faits disciples et apôtres par le Seigneur, et j'ajoutai que dès ma plus tendre jeunesse j'avais aussi été pêcheur spirituel. Il me dit encore : qu'est-ce que pêcheur spirituel? Pêcheur dans le sens spirituel de la parole, lui dis-je, signifie l'homme qui recherche et en-

seigne les vérités naturelles, et qui ensuite par le raisonnement s'élève jusqu'aux vérités spirituelles. Interrogé comment je démontrerais cela, je dis, par ces passages de la parole : « Alors les eaux de la mer manque« ront, le fleuve deviendra sec et « aride, c'est pourquoi les *pêcheurs* « pleureront, et tous ceux qui jettent « l'hameçon dans la mer seront dans « la tristesse. Isaïe, XIX, 5, 8. Les « *pêcheurs* d'Engedi étaient sur le « fleuve dont les eaux étaient saines ; « ils étendaient leurs filets où il y avait « grand nombre de *poissons* de toute « espèce, comme le *poisson* de la « grande mer. Ezech. XLVII, 9, 10. « Voilà que je vais envoyer, dit Jého« vah, plusieurs *pêcheurs* qui *pêche*« *ront les fils d'Israël*. Jérém. XVI, « 16. » Par là on voit pourquoi le Seigneur avait choisi des pêcheurs pour ses disciples, et pourquoi il leur dit : Suivez-moi, et je vous ferai *pêcheurs d'hommes*. Mat. IV, 8, 19;

Marc. I, 16, 17; et à Pierre, lorsqu'il eut pris une grande quantité de poissons: *Dès maintenant vous prendrez des hommes.* Luc. V, 9, 10. Après cela, je démontrai l'origine de cette signification de pêcheur, par des passages de l'Apocalypse révélée; savoir, parce que l'eau signifie les vérités naturelles n° 50, 932, de même que le fleuve, n° 409, 932. Le poisson, ceux qui sont dans ces vérités naturelles, n° 450, et par conséquent les pêcheurs, ceux qui recherchent et enseignent les vérités. Après que j'eus ainsi parlé, celui qui m'avait interrogé éleva la voix et dit : Maintenant je puis comprendre pourquoi le Seigneur avait appelé et choisi des pêcheurs pour être ses disciples, et ainsi je ne suis pas surpris qu'il vous ait aussi appelé, puisque, comme vous le dites, dès votre plus tendre jeunesse vous avez été pêcheur dans le sens spirituel, c'est-à-dire scrutateur des vérités naturelles; et maintenant vous l'êtes des vérités spirituelles, parce que celles-ci sont fondées sur celles-là. Il ajouta, parce que c'était un homme de bon sens, qu'il n'y a que le Seigneur qui connaisse ceux qui sont propres à comprendre et enseigner les choses qui sont de sa nouvelle église, et s'il y en a quelqu'un de tel parmi les grands, ou parmi leurs serviteurs. De plus, dit-il, quel est le théologien parmi les chrétiens qui n'a point étudié la philosophie dans les universités avant de recevoir le bonnet de docteur? Car, autrement, où puiserait-il les connaissances qui lui sont nécessaires? Enfin il dit: Puisque vous êtes devenu théologien, dites-nous quelle est votre théologie? Je répondis: Voici les deux points fondamentaux. *Qu'il n'y a qu'un seul Dieu, et qu'il faut unir la charité à la foi.* Eh! qui en doute, répliqua-t-il? et je répondis: La théologie d'aujourd'hui, si on l'examine bien.

FIN.

AVERTISSEMENT.

Nous joindrons ici, par forme de supplément, ce que Swedenborg dit du Cheval blanc de l'Apocalypse, dans un petit ouvrage intitulé : *Du Cheval blanc dont il est parlé dans l'Apocalypse ;* où l'on verra encore mieux la manière dont l'auteur explique le sens mystique de l'Écriture, dont on a vu quelques exemples ci-dessus. Nous avons omis les citations et les renvois aux *Arcanes célestes*, que le lecteur n'aurait pu consulter, vu l'extrême rareté de cet ouvrage, dont il existe à peine six exemplaires en France.

DU CHEVAL BLANC

DONT IL EST PARLÉ

DANS L'APOCALYPSE.

---

1. Dans l'Apocalypse de saint Jean, la parole (*a*), quant au sens spirituel ou interne, est ainsi décrite: *Je vis le ciel ouvert, et il parut un cheval blanc, et celui qui était dessus s'appelait le Fidèle et le Véritable, qui juge et qui combat avec justice. Ses yeux étaient une flamme de feu; et il avait sur sa tête plusieurs diadèmes, et il portait écrit un nom que*

(*a*) La Parole ou le Verbe (*Verbum*), c'est l'Écriture sainte; la parole de Dieu, la parole par excellence.

nul autre que lui ne connaît. Il était vêtu d'une robe teinte de sang, et il s'appelle le VERBE DE DIEU. *Les armées qui sont dans les cieux le suivaient sur des chevaux blancs, vêtues d'un lin blanc et pur; et il porte écrit sur son vêtement et sur sa cuisse ce nom : le Roi des Rois, et le Seigneur des Seigneurs.* Chap. XIX, vers. 11, 12, 13, 14, 16. On ne peut comprendre ce que signifient ces mots que par le sens interne ; il est évident que tout est représentatif et significatif dans ce passage ; savoir, le ciel ouvert, le cheval blanc, celui qui est monté dessus, et qui juge et combat avec justice, ses yeux qui sont une flamme de feu, les diadèmes sur la tête, le nom que nul autre que lui ne connaît; la robe teinte de sang dont il est vêtu : les armées qui sont dans les cieux, qui le suivent sur des chevaux blancs, vêtues de lin blanc et pur, et le nom écrit sur son vêtement et sur sa cuisse; il est dit clairement qu'il est question du verbe ou de la parole, et que le verbe est le Seigneur ; car il est dit : *Il s'appelle le* VERBE DE DIEU, et ensuite : *Il porte écrit sur son vêtement et sur sa cuisse ce nom :* LE ROI DES ROIS, ET LE SEIGNEUR DES SEIGNEURS. Par l'explication de chaque mot il est clair que la parole est ici décrite quant au sens spirituel ou interne. Le Ciel ouvert représente et signifie que le sens interne de la parole est vu dans le ciel, et conséquemment par ceux dans le monde à qui le ciel est ouvert; le cheval blanc représente et signifie l'intelligence de la parole quant à son sens interne. Que le cheval blanc ait cette signification, c'est ce qu'on verra ci-après. Celui qui est assis dessus signifie le seigneur quant à la parole, et par conséquent la parole ou le verbe; ce qui est évident, puisqu'il dit : *Il est appelé le verbe de Dieu ;* il est nommé fidèle et jugeant avec justice, à cause du bien ; et véritable et combattant avec justice, à cause du vrai ; car le Seigneur est la justice même; ses yeux sont une flamme de feu, qui signifie le divin vrai qui vient du Dieu bien de son divin amour; les diadèmes qu'il avait sur la tête signifient tous les biens et toutes les vérités de la foi; le nom que nul autre que lui ne connaît signifie que autre que le Seigneur, et celui à qui il le révèle, ne connaît le sens intérieur de la parole; la robe teinte de sang signifie la parole dans le sens littéral à laquelle on a fait violence; les armées qui sont dans les cieux, qui le suivaient sur des chevaux blancs, signifient ceux qui sont dans l'intelligence de la parole quant au sens intérieur; vêtues de lin blanc et pur, signifie les mêmes, qui sont dans le vrai par le bien; le nom écrit sur le vêtement et sur la cuisse, signifie le vrai et le bien et leur manière d'être. Par ce que nous venons de dire et par ce que nous dirons encore, il est évident que dans ce passage de l'Apocalypse, il est prédit que vers le dernier temps de l'Église le sens spirituel ou interne de la parole sera révélé: ce qui doit arriver alors est aussi décrit dans les versets 17, 18, 19, 20 et 21. Il n'est pas nécessaire d'expliquer ici plus en détail que telle est la signification de ces paroles, parce que nous l'avons fait dans les *Arcanes célestes*.

2. Dans les livres prophétiques de la Parole il est souvent fait mention du cheval; mais jusqu'à présent on n'a pas su que le cheval signifie l'entendement, et le cavalier, l'intelligence; et cela peut-être parce qu'il paraît étrange et surprenant que telle soit la signification du mot cheval dans le sens spirituel et dans la Parole; mais on peut se convaincre que cela est ainsi par plusieurs passages, dont je me contenterai de citer quelques-uns. Dans la prophétie d'Israël sur Dan on lit: *Dan deviendra un serpent dans*

le chemin, un céraste dans le sentier, mordant le pied du cheval, et le cavalier tombera à la renverse. Genèse, XLIX, 17, 18. On ne peut comprendre ce que signifie cette prophétie sur une tribu d'Israël, si l'on ne sait ce que signifie le serpent, le cheval et le cavalier. Personne n'ignore qu'il y a là un sens spirituel; ainsi on peut voir ce que signifie chacun de ces mots dans les *Arcanes célestes*, où nous avons expliqué cette prophétie. Dans Habacuc : « *Dieu, vous montez* « *sur vos chevaux, vos chars sont le* « *salut; vous avez fait marcher vos* « *chevaux dans la mer.* » III, 8, 15. Que les chevaux ici signifient le spirituel, cela est évident, parce que c'est de Dieu qu'il est question dans ce passage; que voudraient dire autrement ces paroles, que Dieu monte sur ses chevaux, et qu'il fait marcher ses chevaux dans la mer? Dans Zacharie : « *En ce jour-là, tous les ornements* « *des chevaux seront consacrés au*

« *Seigneur.* » XIV, 20. « *En ce jour-*
« *là, dit le Seigneur, je frapperai d'é-*
« *tourdissement tous les chevaux, et*
« *de frénésie les cavaliers ; j'aurai*
« *mes yeux ouverts sur la maison de*
« *Juda, et je frapperai d'aveuglement*
« *les chevaux de tous les peuples.* »
XII, 4, 5. Il est question dans ces passages de la dévastation de l'Église, qui a lieu lorsqu'il n'y a plus l'intelligence d'aucune vérité, c'est ce qui est désigné par le cheval et le cavalier; autrement que signifierait frapper d'étourdissement tous les chevaux, et d'aveuglement les chevaux des peuples? Qu'est-ce que les chevaux ont de commun avec l'Eglise? Dans Job:
« *Dieu lui a fait oublier la sagesse,*
« *et ne lui a point accordé l'intelli-*
« *gence, à la première occasion elle*
« *s'élève en haut ; elle se moque du*
« *cheval et du cavalier.* » XXX, 17, 18. Ici l'entendement est désigné par le cheval, ce qui est évident; ainsi que dans David, lorsqu'il dit: *aller*

à cheval sur la parole de la vérité, psaume XIV, 5, et dans plusieurs autres lieux. De plus, qui pourra savoir d'où vient qu'Élie et Élisée ont été nommés chars et cavaliers d'Israël; et pourquoi le serviteur d'Elisée vit une montagne pleine de chevaux et de chars ignés, à moins de savoir ce que signifient les chars et les cavaliers; et ce qu'ont représenté Elie et Elisée? Elisée dit à Elie : «*Mon* «*père, mon père, les chars d'Israël* «*et ses cavaliers.* Rois, L. IV, C. II, 12. Et le roi Joas à Elisée : *Mon* «*père, mon père, les chevaux d'Is-* «*raël et ses cavaliers.*» Rois, L. IV, C. XIII, 14. Et du serviteur d'Elisée : «*Dieu ouvrit les yeux du serviteur* «*d'Elisée, et il vit aussitôt une mon-* «*tagne pleine de chevaux et de chars* «*ignés qui étaient autour d'Elisée.*» Rois. L. IV, C. VI, 17. Elie et Elisée ont été nommés chars d'Israël et ses cavaliers, parce que l'un et l'autre ont représenté le Seigneur quant à la

Parole, et par le char est désignée la doctrine puisée dans la Parole, et par les cavaliers l'intelligence.

3. La raison pourquoi le cheval signifie l'entendement se tire des choses représentatives qui sont dans le monde spirituel : il y paraît souvent des chevaux et des cavaliers, ainsi que des chars ; et tous savent là qu'ils signifient les choses intellectuelles et celles qui concernent la doctrine. J'y ai vu très-souvent ceux dont l'entendement était occupé à des méditations paraître comme des cavaliers ; c'est ainsi que se représentait leur méditation aux yeux des autres, à leur insu. Il y a même un lieu dans le monde spirituel où s'assemblent en grand nombre ceux qui méditent et parlent des vérités de doctrine ; et lorsque d'autres y viennent, ils voient tout cet espace plein de chars et de chevaux, et les nouveau-venus, qui sont surpris de cela, apprennent alors que cette appa-

rence vient de la méditation de l'entendement. Ce lieu s'appelle le conseil des intelligents et des sages. J'y ai vu aussi des chevaux brillants et des chars ignés, lorsque quelques-uns ont été enlevés dans le ciel, ce qui était l'indice qu'ils avaient été instruits dans les vérités de la doctrine céleste, qu'ils étaient devenus intelligents, et ainsi dignes d'être enlevés dans le ciel. D'après cela, on peut comprendre ce que signifient le char igné et les chevaux ignés sur lesquels Elie fut enlevé dans le ciel, et les chevaux et les chars ignés que vit le serviteur d'Elisée, lorsque ses yeux furent ouverts.

4. Dans les églises anciennes on connaissait très-bien ce que signifiaient les chars et les cavaliers, parce que ces églises étaient des églises représentatives, et ceux qui en étaient cultivaient particulièrement la science des correspondances et des représentations. La signification de cheval, comme entendement, passa de ces

églises chez les sages des environs, et même dans la Grèce: d'où vient que les Grecs en décrivant le soleil, qu'ils représentaient comme le dieu de la sagesse et de l'intelligence, lui attribuèrent un char et quatre chevaux ignés. En décrivant le dieu de la mer, comme la mer signifie les sciences qui viennent de l'entendement, ils lui donnèrent aussi des chevaux. Pour décrire la naissance des sciences de l'entendement, ils feignirent un cheval ailé, qui d'un coup de pied fait sourdre une fontaine, auprès de laquelle habitaient neuf vierges ou muses, qui sont les sciences; car ils avaient appris des anciennes églises que par le cheval est désigné l'entendement; par les ailes, le vrai; par le pied, ce qu'enseigne l'entendement, et par la fontaine, la doctrine d'où découlent les sciences. Par le cheval de Troie, ils n'ont voulu représenter autre chose que l'artifice de détruire des murs que leur suggéra l'entendement. Aujourd'hui même, lorsqu'on veut décrire l'entendement selon la manière de ces anciens, on le représente par le cheval volant ou Pégase, la doctrine par la fontaine, et les sciences par les muses; mais à peine y a-t-il quelqu'un qui sache que le cheval signifie l'entendement dans le sens mystique, et moins encore que ces significations aient passé des églises anciennes représentatives aux gentils

FIN.

www.ingramcontent.com/pod-product-compliance
Ingram Content Group UK Ltd.
Pitfield, Milton Keynes, MK11 3LW, UK
UKHW021548260726
13993UKWH00002B/707